Dieses ganz persönliche
Erinnerungsalbum widmen wir an:

Ein Erinnerungsbaum voller glücklicher Kinder-Fingerabdrücken:

Unser Gruppenfoto

Ich heiße .... aber du kennst mich auch unter ....

das bin ich mit dir

Heute bin ich

1 2 3 4 5 6 7

Jahre jung

Ich bin schon ganz aufgeregt, weil ich ab dem Sommer 20..... zur Grundschule

....

gehen werde.

Wir kennen uns seit 20......

Ich wollte dich schon immer fragen

Du kannst gigantisch gut

Wenn ich Erwachsen bin, werde ich

Ich dachte immer

Das mag ich besonders an Dir

Ich wollte Dir einfach nur Danke sagen für

....
....
....
....
....
....

Ich wünsche Dir für die Zukunft

Das habe ich erst durch Dich gelernt

Ich heiße .... aber du kennst mich auch unter ....

das bin ich
mit dir

Heute bin ich

| 1 | 2 | 3 | 4 | 5 | 6 | 7 |

Jahre jung

Ich bin schon ganz aufgeregt, weil ich ab dem Sommer 20..... zur Grundschule .... gehen werde.

Ich wollte dich schon immer fragen

Wir kennen uns seit 20......

Du kannst gigantisch gut

Wenn ich Erwachsen bin, werde ich

Das mag ich besonders an Dir

Ich dachte immer

Ich wollte Dir einfach nur Danke sagen für

....
....
....
....
....
....

Ich wünsche Dir für die Zukunft

Das habe ich erst durch Dich gelernt

Ich heiße . . . . aber du kennst mich auch unter . . . .

das bin ich mit dir

Heute bin ich

1 2 3 4 5 6 7

Jahre jung

Ich bin schon ganz aufgeregt, weil ich ab dem Sommer 20..... zur Grundschule

. . . .

gehen werde.

Wir kennen uns seit 20......

Ich wollte dich schon immer fragen

Du kannst gigantisch gut

Wenn ich Erwachsen bin, werde ich

Das mag ich besonders an Dir

Ich dachte immer

Ich wollte Dir einfach nur Danke sagen für

....
....
....
....
....
....

Ich wünsche Dir für die Zukunft

Das habe ich erst durch Dich gelernt

Ich heiße .... aber du kennst mich auch unter ....

das bin ich mit dir

Heute bin ich

1 2 3 4 5 6 7

Jahre jung

Ich bin schon ganz aufgeregt, weil ich ab dem Sommer 20..... zur Grundschule

....

gehen werde.

Ich wollte dich schon immer fragen

Wir kennen uns seit 20......

Du kannst gigantisch gut

Wenn ich Erwachsen bin, werde ich

Ich dachte immer

Das mag ich besonders an Dir

Ich wollte Dir einfach nur Danke sagen für

....

....

....

....

....

....

Ich wünsche Dir für die Zukunft

Das habe ich erst durch Dich gelernt

Ich heiße . . . . aber du kennst mich auch unter . . . .

das bin ich mit dir

Heute bin ich

1 2 3 4 5 6 7

Jahre jung

Ich bin schon ganz aufgeregt, weil ich ab dem Sommer 20..... zur Grundschule

. . . .

gehen werde.

Ich wollte dich schon immer fragen

Wir kennen uns seit 20......

Du kannst gigantisch gut

Wenn ich Erwachsen bin, werde ich

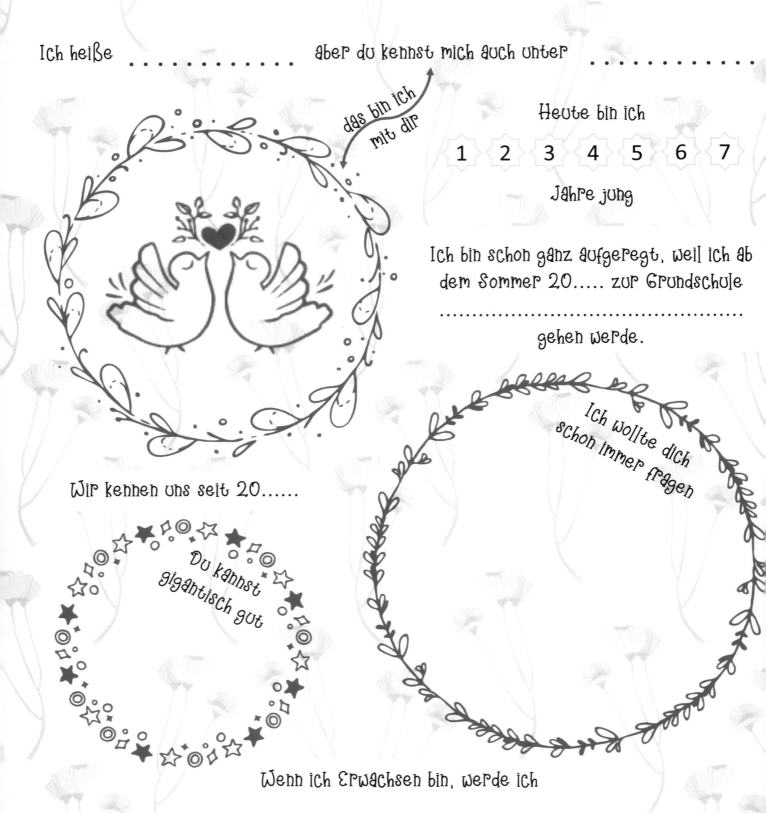

Das mag ich besonders an Dir

Ich dachte immer

Ich wollte Dir einfach nur Danke sagen für

....
....
....
....
....
....

Ich wünsche Dir für die Zukunft

Das habe ich erst durch Dich gelernt

Ich heiße .... aber du kennst mich auch unter ....

das bin ich mit dir

Heute bin ich

1 2 3 4 5 6 7

Jahre jung

Ich bin schon ganz aufgeregt, weil ich ab dem Sommer 20..... zur Grundschule

....

gehen werde.

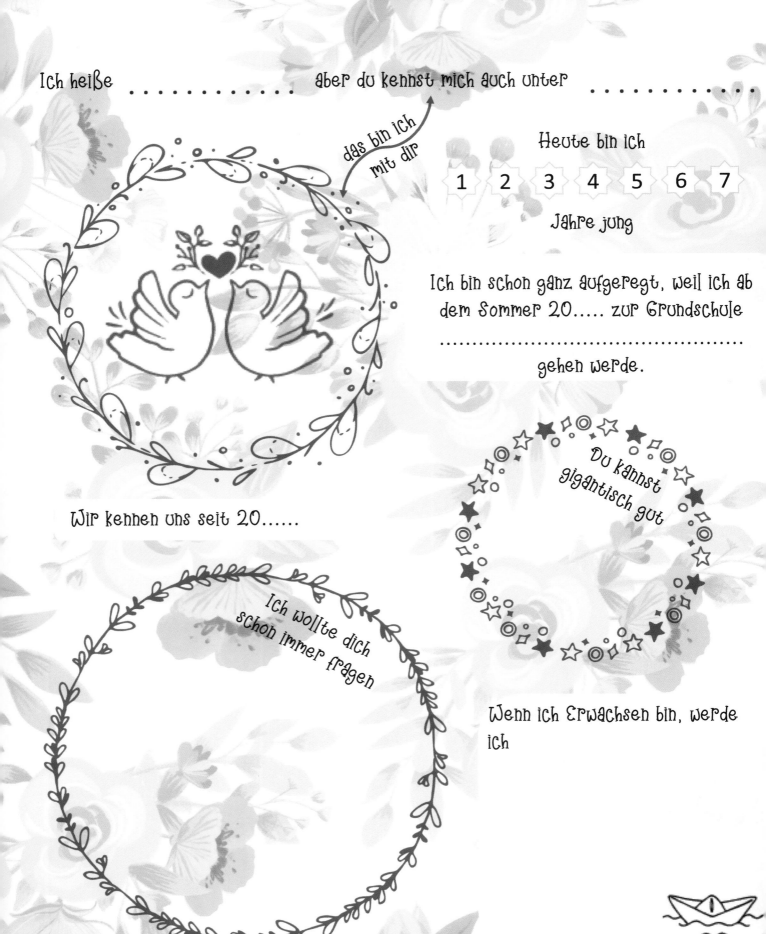

Wir kennen uns seit 20......

Du kannst gigantisch gut

Ich wollte dich schon immer fragen

Wenn ich Erwachsen bin, werde ich

Das mag ich besonders an Dir

Ich dachte immer

Ich wollte Dir einfach nur Danke sagen für

....
....
....
....
....
....

Ich wünsche Dir für die Zukunft

Das habe ich erst durch Dich gelernt

Ich heiße . . . . aber du kennst mich auch unter . . . .

das bin ich mit dir

Heute bin ich

1 2 3 4 5 6 7

Jahre jung

Ich bin schon ganz aufgeregt, weil ich ab dem Sommer 20..... zur Grundschule

. . . .

gehen werde.

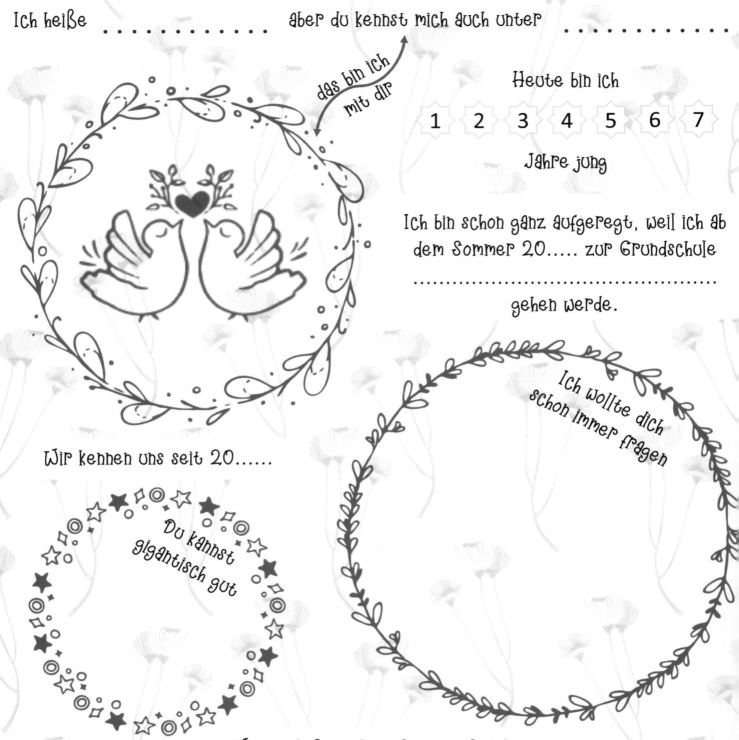

Wir kennen uns seit 20......

Ich wollte dich schon immer fragen

Du kannst gigantisch gut

Wenn ich Erwachsen bin, werde ich

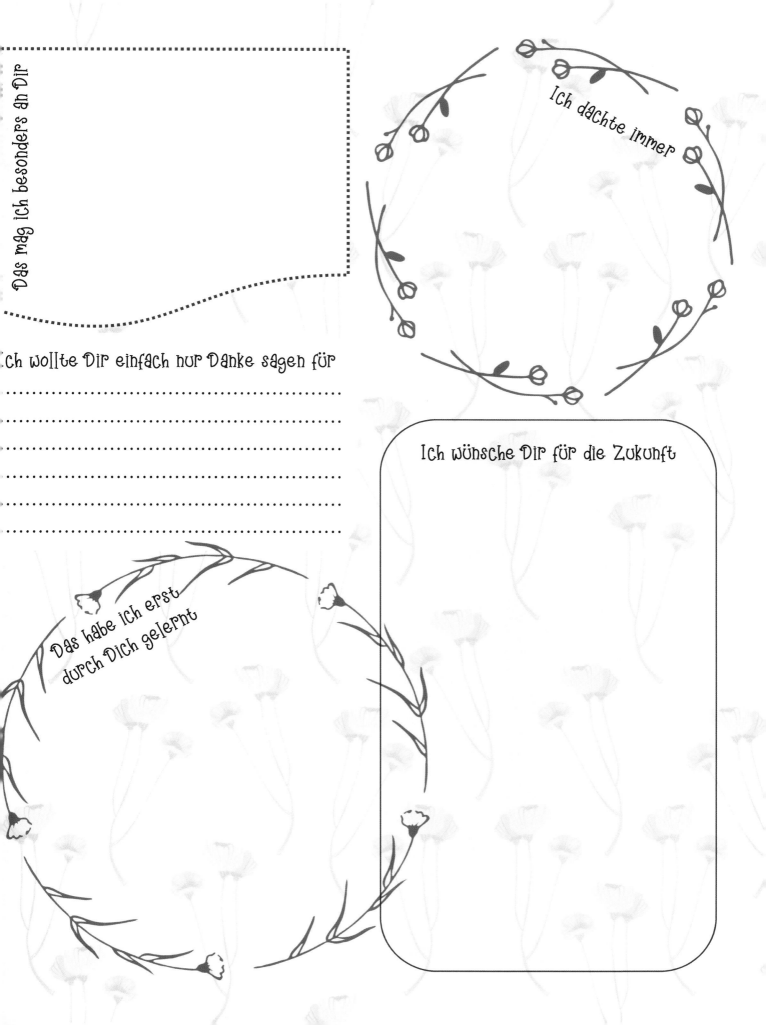

Das mag ich besonders an Dir

Ich dachte immer

Ich wollte Dir einfach nur Danke sagen für

....
....
....
....
....

Ich wünsche Dir für die Zukunft

Das habe ich erst durch Dich gelernt

Ich heiße . . . . aber du kennst mich auch unter . . . .

das bin ich
mit dir

Heute bin ich

1 2 3 4 5 6 7

Jahre jung

Ich bin schon ganz aufgeregt, weil ich ab dem Sommer 20..... zur Grundschule

. . . .

gehen werde.

Wir kennen uns seit 20......

Ich wollte dich
schon immer fragen

Du kannst
gigantisch gut

Wenn ich Erwachsen bin, werde ich

Ich dachte immer

Das mag ich besonders an Dir

Ich wollte Dir einfach nur Danke sagen für

....
....
....
....
....
....

Ich wünsche Dir für die Zukunft

Das habe ich erst durch Dich gelernt

Ich heiße .... aber du kennst mich auch unter ....

das bin ich mit dir

Heute bin ich

1 2 3 4 5 6 7

Jahre jung

Ich bin schon ganz aufgeregt, weil ich ab dem Sommer 20..... zur Grundschule

....

gehen werde.

Ich wollte dich schon immer fragen

Wir kennen uns seit 20......

Du kannst gigantisch gut

Wenn ich Erwachsen bin, werde ich

Das mag ich besonders an Dir

Ich dachte immer

Ich wollte Dir einfach nur Danke sagen für

....
....
....
....
....
....

Ich wünsche Dir für die Zukunft

Das habe ich erst durch Dich gelernt

Ich heiße . . . . aber du kennst mich auch unter . . . .

das bin ich mit dir

Heute bin ich

1 2 3 4 5 6 7

Jahre jung

Ich bin schon ganz aufgeregt, weil ich ab dem Sommer 20..... zur Grundschule

. . . .

gehen werde.

Wir kennen uns seit 20......

Ich wollte dich schon immer fragen

Du kannst gigantisch gut

Wenn ich Erwachsen bin, werde ich

Das mag ich besonders an Dir

Ich dachte immer

Ich wollte Dir einfach nur Danke sagen für

....
....
....
....
....
....

Ich wünsche Dir für die Zukunft

Das habe ich erst durch Dich gelernt

Ich heiße .... aber du kennst mich auch unter ....

das bin ich mit dir

Heute bin ich

1 2 3 4 5 6 7

Jahre jung

Ich bin schon ganz aufgeregt, weil ich ab dem Sommer 20..... zur Grundschule

....

gehen werde.

Wir kennen uns seit 20......

Ich wollte dich schon immer fragen

Du kannst gigantisch gut

Wenn ich Erwachsen bin, werde ich

Ich dachte immer

Das mag ich besonders an Dir

Ich wollte Dir einfach nur Danke sagen für

....
....
....
....
....
....

Ich wünsche Dir für die Zukunft

Das habe ich erst
durch Dich gelernt

Ich heiße .... aber du kennst mich auch unter ....

das bin ich mit dir

Heute bin ich

1 2 3 4 5 6 7

Jahre jung

Ich bin schon ganz aufgeregt, weil ich ab dem Sommer 20..... zur Grundschule ....

gehen werde.

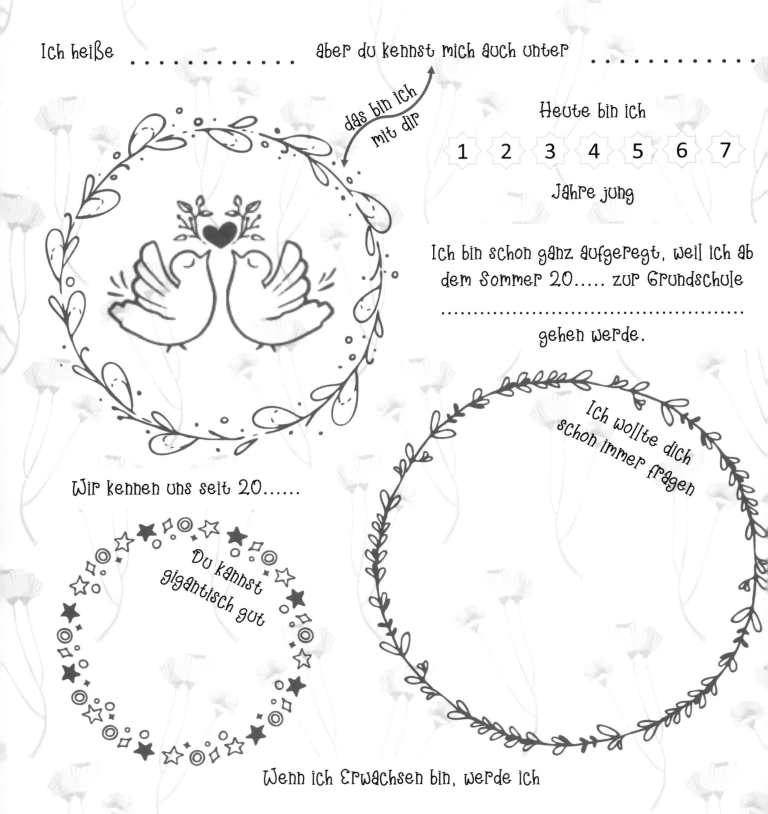

Wir kennen uns seit 20......

Ich wollte dich schon immer fragen

Du kannst gigantisch gut

Wenn ich Erwachsen bin, werde ich

Das mag ich besonders an Dir

Ich dachte immer

Ich wollte Dir einfach nur Danke sagen für

....
....
....
....
....
....

Ich wünsche Dir für die Zukunft

Das habe ich erst
durch Dich gelernt

Ich heiße .... aber du kennst mich auch unter ....

das bin ich mit dir

Heute bin ich

| 1 | 2 | 3 | 4 | 5 | 6 | 7 |

Jahre jung

Ich bin schon ganz aufgeregt, weil ich ab dem Sommer 20..... zur Grundschule

....

gehen werde.

Wir kennen uns seit 20......

Du kannst gigantisch gut

Ich wollte dich schon immer fragen

Wenn ich Erwachsen bin, werde ich

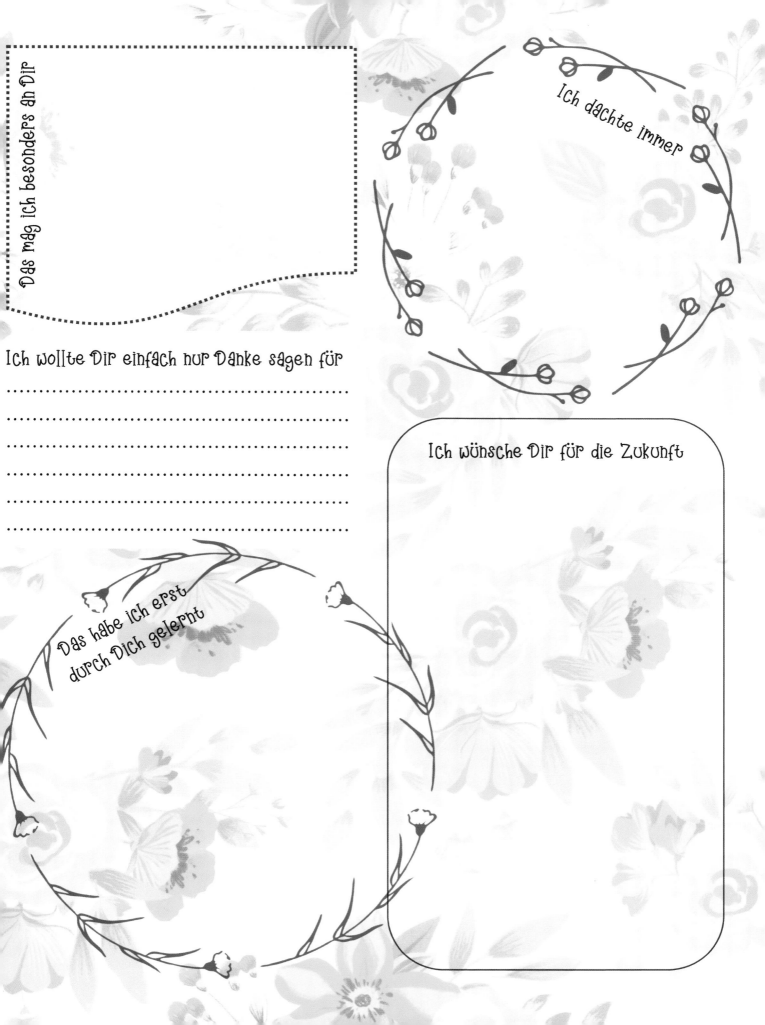

Das mag ich besonders an Dir

Ich dachte immer

Ich wollte Dir einfach nur Danke sagen für

....
....
....
....
....
....

Ich wünsche Dir für die Zukunft

Das habe ich erst durch Dich gelernt

Ich heiße . . . . aber du kennst mich auch unter . . . .

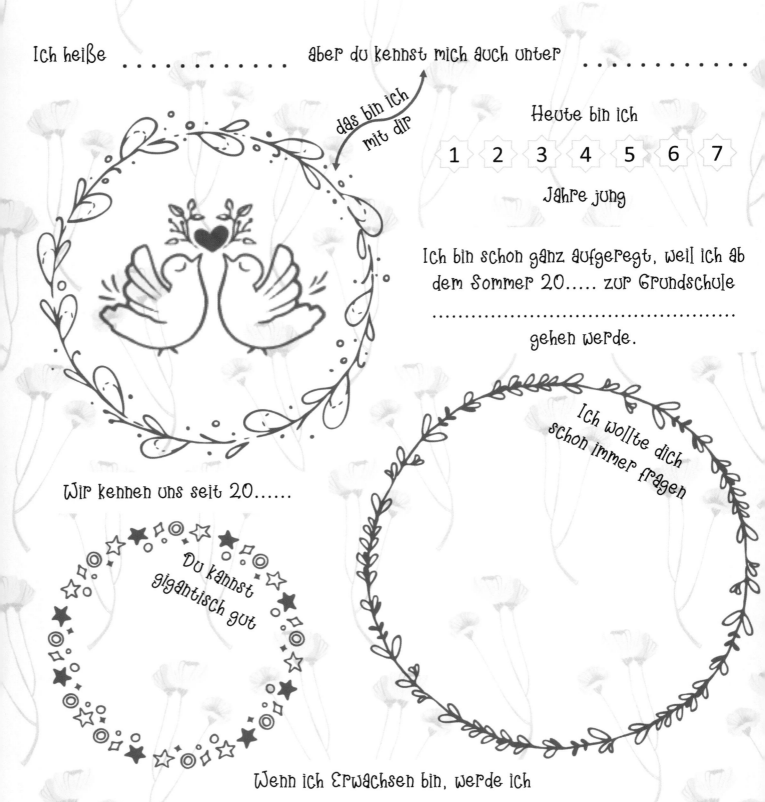

das bin ich mit dir

Heute bin ich

1 2 3 4 5 6 7

Jahre jung

Ich bin schon ganz aufgeregt, weil ich ab dem Sommer 20..... zur Grundschule

. . . .

gehen werde.

Ich wollte dich schon immer fragen

Wir kennen uns seit 20......

Du kannst gigantisch gut

Wenn ich Erwachsen bin, werde ich

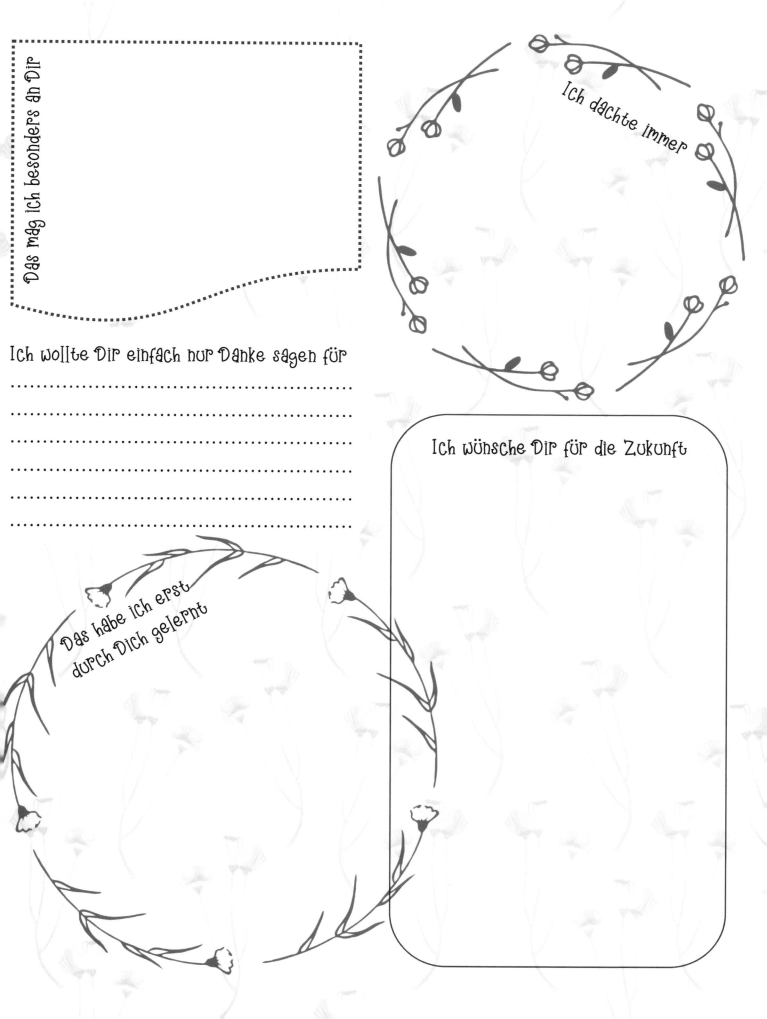

Das mag ich besonders an Dir

Ich dachte immer

Ich wollte Dir einfach nur Danke sagen für

....
....
....
....
....
....

Ich wünsche Dir für die Zukunft

Das habe ich erst durch Dich gelernt

Ich heiße .... aber du kennst mich auch unter ....

das bin ich
mit dir

Heute bin ich

| 1 | 2 | 3 | 4 | 5 | 6 | 7 |

Jahre jung

Ich bin schon ganz aufgeregt, weil ich ab
dem Sommer 20..... zur Grundschule
....
gehen werde.

Ich wollte dich
schon immer fragen

Wir kennen uns seit 20......

Du kannst
gigantisch gut

Wenn ich Erwachsen bin, werde ich

Ich dachte immer

Das mag ich besonders an Dir

Ich wollte Dir einfach nur Danke sagen für

....
....
....
....
....
....

Ich wünsche Dir für die Zukunft

Das habe ich erst durch Dich gelernt

Ich heiße . . . . aber du kennst mich auch unter . . . .

das bin ich mit dir

Heute bin ich

1 2 3 4 5 6 7

Jahre jung

Ich bin schon ganz aufgeregt, weil ich ab dem Sommer 20..... zur Grundschule
. . . .
gehen werde.

Wir kennen uns seit 20......

Ich wollte dich schon immer fragen

Du kannst gigantisch gut

Wenn ich Erwachsen bin, werde ich

Das mag ich besonders an Dir

Ich dachte immer

Ich wollte Dir einfach nur Danke sagen für

....
....
....
....
....
....

Ich wünsche Dir für die Zukunft

Das habe ich erst
durch Dich gelernt

Ich heiße .... aber du kennst mich auch unter ....

das bin ich
mit dir

Heute bin ich

1 2 3 4 5 6 7

Jahre jung

Ich bin schon ganz aufgeregt, weil ich ab dem Sommer 20..... zur Grundschule

....

gehen werde.

Wir kennen uns seit 20......

Ich wollte dich
schon immer fragen

Du kannst
gigantisch gut

Wenn ich Erwachsen bin, werde ich

Das mag ich besonders an Dir

Ich dachte immer

Ich wollte Dir einfach nur Danke sagen für

....
....
....
....
....
....

Ich wünsche Dir für die Zukunft

Das habe ich erst durch Dich gelernt

Ich heiße .... aber du kennst mich auch unter ....

das bin ich mit dir

Heute bin ich

1 2 3 4 5 6 7

Jahre jung

Ich bin schon ganz aufgeregt, weil ich ab dem Sommer 20..... zur Grundschule .... gehen werde.

Wir kennen uns seit 20......

Ich wollte dich schon immer fragen

Du kannst gigantisch gut

Wenn ich Erwachsen bin, werde ich

Ich dachte immer

Das mag ich besonders an Dir

Ich wollte Dir einfach nur Danke sagen für

....
....
....
....
....
....

Ich wünsche Dir für die Zukunft

Das habe ich erst durch Dich gelernt

Ich heiße . . . . aber du kennst mich auch unter . . . .

das bin ich mit dir

Heute bin ich

1 2 3 4 5 6 7

Jahre jung

Ich bin schon ganz aufgeregt, weil ich ab dem Sommer 20..... zur Grundschule

. . . .

gehen werde.

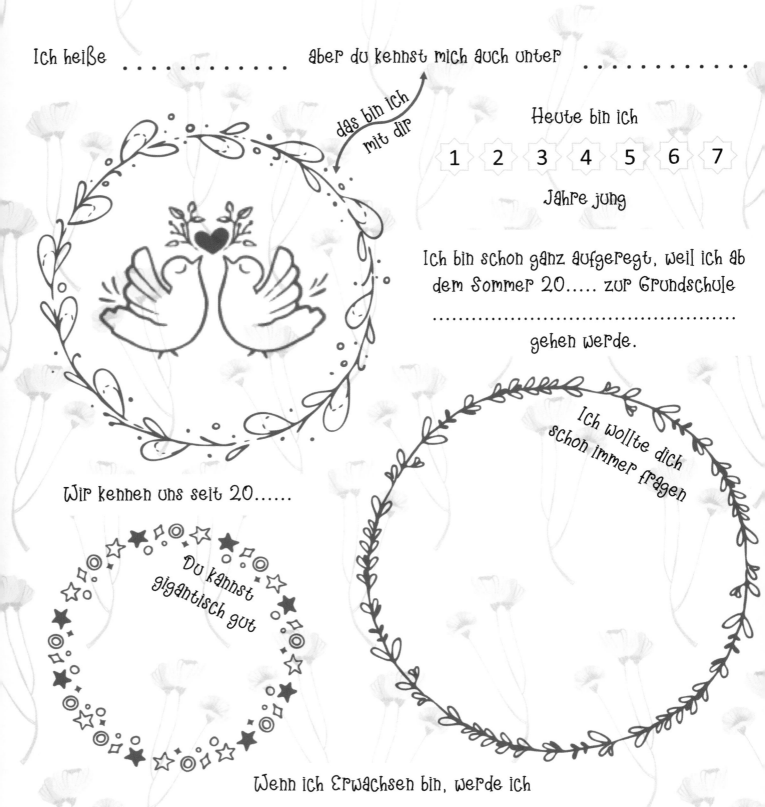

Wir kennen uns seit 20......

Ich wollte dich schon immer fragen

Du kannst gigantisch gut

Wenn ich Erwachsen bin, werde ich

Das mag ich besonders an Dir

Ich dachte immer

Ich wollte Dir einfach nur Danke sagen für

....
....
....
....
....
....

Ich wünsche Dir für die Zukunft

Das habe ich erst durch Dich gelernt

Ich heiße .... aber du kennst mich auch unter ....

das bin ich mit dir

Heute bin ich

1 2 3 4 5 6 7

Jahre jung

Ich bin schon ganz aufgeregt, weil ich ab dem Sommer 20..... zur Grundschule

....

gehen werde.

Wir kennen uns seit 20......

Du kannst gigantisch gut

Ich wollte dich schon immer fragen

Wenn ich Erwachsen bin, werde ich

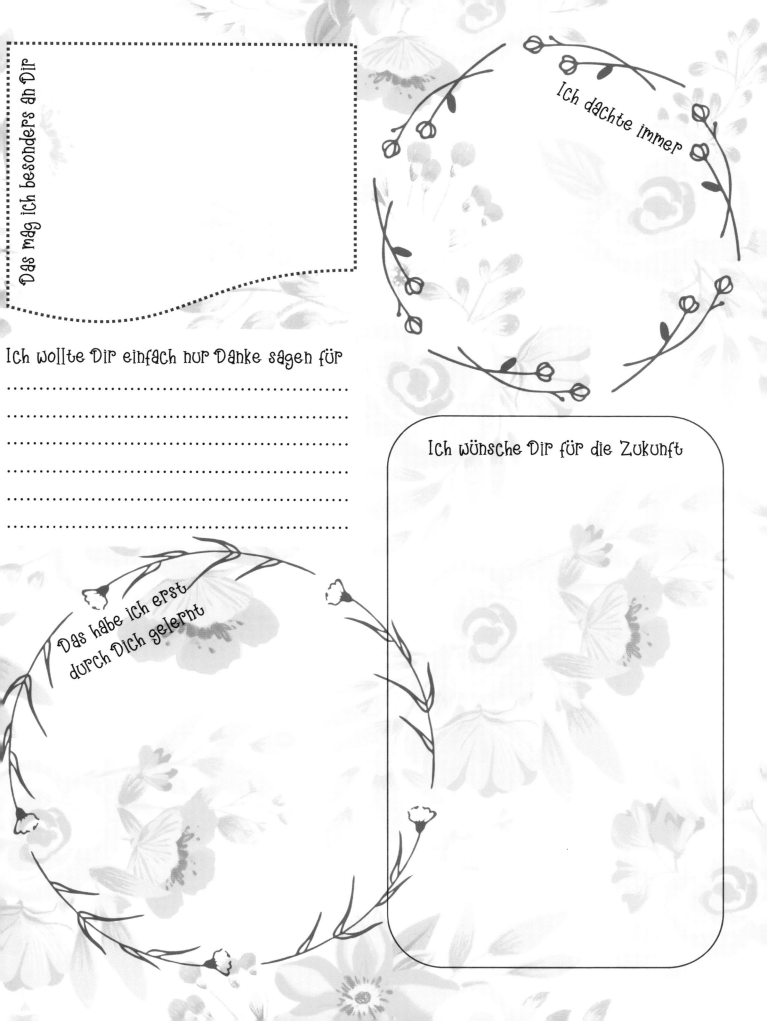

Das mag ich besonders an Dir

Ich dachte immer

Ich wollte Dir einfach nur Danke sagen für

....
....
....
....
....
....

Ich wünsche Dir für die Zukunft

Das habe ich erst durch Dich gelernt

Du musst unbedingt nach ...

... reisen !

Du bist Erzieher/-in und…

Beispiele: Tanzbär, Künstler, Geschichtenerzähler, Schokanzieherhelfer…

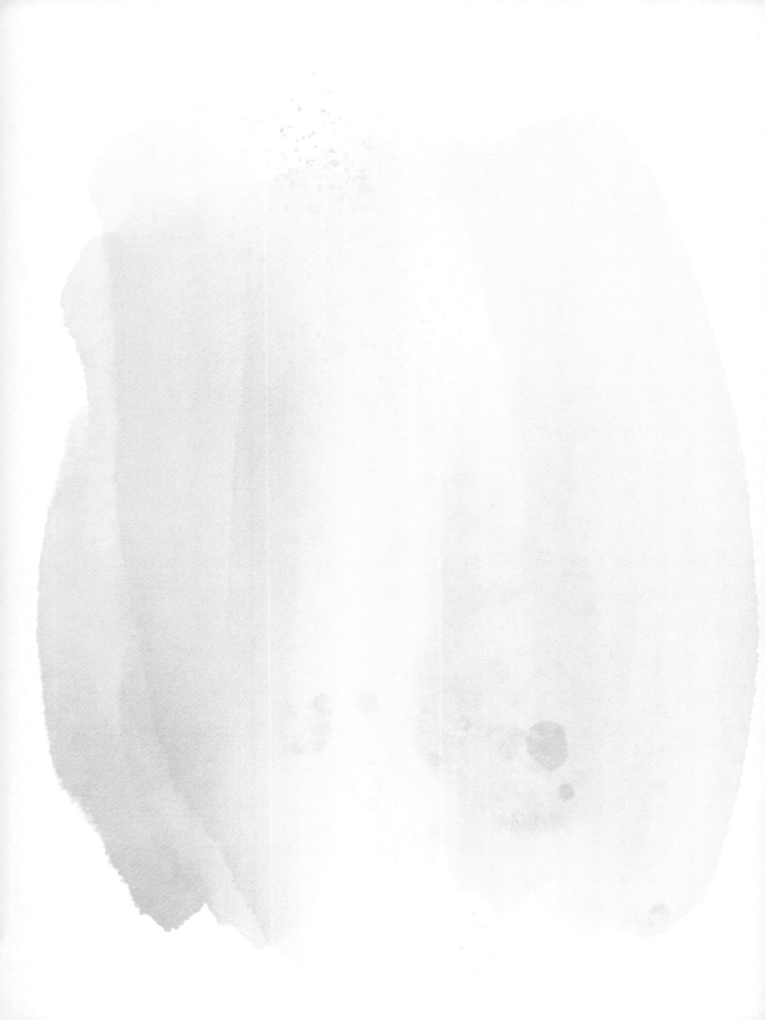

Independently published
Amazon Europe in Luxemburg

S. Topal, Am Hüttenhof 24, Kalkum

Printed in Poland
by Amazon Fulfillment
Poland Sp. z o.o., Wrocław

26582359R00031